FUGLEN

Anrheg arbennig

Roedd diwrnodau mam-gu Ianto yn drefnus ac yn llawn. Roedd patrwm i bob diwrnod. Byddai'n codi'n gynnar ac yn ymolchi cyn gwisgo. Yr un fyddai ei brecwast bob dydd – uwd **maethlon**. Golchi'r llestri fyddai'r **gorchwyl** nesaf, cyn glanhau'r ty. Bob dydd, byddai'n glanhau ac yn twtio – i lawr y grisiau yn y bore ac i fyny'r grisiau ar ôl cinio. Brechdan fyddai i ginio, neu gawl yn y gaeaf efallai. Byddai'n paratoi swper yn y prynhawn ar gyfer y noson honno a byddai'n pobi cacen, sgons neu fisgedi i de.

Amser te oedd uchafbwynt y dydd i Mam-gu. Bob dydd am chwarter i bedwar, roedd Ianto'n galw ar y ffordd yn ôl o'r ysgol. Byddai Mam-gu wedi gosod y bwrdd yn llawn **danteithion**.

"Wedi bod yn brysur heddiw eto, Mam-gu?"

"Dim ond rhywbeth bach i ti ei fwyta – mae'n siŵr dy fod ti ar lwgu ar ôl diwrnod yn yr ysgol. Sut ddiwrnod wyt ti wedi'i gael heddiw?"

Byddai'r ddau yn sgwrsio am hyn a'r llall yn hapus wedyn, wrth i Ianto lenwi ei fol â'r bwyd blasus.

Pan fyddai'n amser i Ianto fynd, byddai **gwedd** Mam-gu yn newid. Edrychai ei llygaid glas yn fwy **pŵl**.

"Dwi'n mwynhau ein sgyrsiau ni, Ianto, a dy gwmni di – trueni dy fod yn gorfod mynd."

"Ond fe wela i chi fory eto, Mam-gu. Peidiwch â phoeni."

"Wrth gwrs – cymer ofal."

Bu'r sefyllfa yn gwasgu ar Ianto, nes iddo un diwrnod benderfynu datrys y broblem. Cnociodd ddrws tŷ Mam-gu gyda'i droed gan fod ei ddwylo'n llawn.

"Ianto bach, beth sy gen ti?" meddai Mam-gu mewn syndod wrth agor y drws. "Dere i fewn, wir."

"Anrheg i chi, Mam-gu! Dwi'n gwybod eich bod yn teimlo'n unig weithiau, felly dyma Siôn i gadw cwmni i chi."

Tynnodd Ianto'r gorchudd oddi ar yr anrheg i **ddatgelu** cawell. Yn y cawell safai Siôn, y bwji. Disgleiriai ei blu melyn a glas mor ddisglair â wyneb Mam-gu.

Chwilio a chwalu

Beth am drafod gyda ffrind i weld a ydych chi'n cytuno gyda'r atebion? Trafodwch ble'r ydych chi'n dod o hyd i'ch ateb, os yw yn y testun.

1 Dewiswch bump ansoddair da a'u rhoi mewn brawddegau llawn.

2 Ble mae'r boda yn nythu?

3 Pa aderyn sydd wedi bod yn brin? Pa ran o'r testun sy'n gwneud i chi feddwl hyn?

4 Pam mae angen crafangau cryf ar eryr yn eich barn chi?

5 Pam mae Siôn yn rhoi bwji i Mam-gu fel anrheg?

6 Ydy Mam-gu yn drefnus? Pam? Rhowch reswm i gefnogi'ch ateb.

FFEITHIO

Adar

Adar y byd

Rydyn ni'n gyfarwydd ag adar cyffredin yng ngerddi a choedwigoedd Cymru, ond beth am rai o'r adar sy'n byw ar draws y byd?

Twcan

Aderyn sy'n byw yng nghoedwigoedd **trofannol** Canolbarth a De America yw'r twcan. Mae ei big yn lliwgar, a gall fesur hyd at 19 cm. Dim ond tua 63 cm o hyd yw'r twcan, felly mae ei big yn edrych yn fawr o'i gymharu â maint ei gorff. Dydy'r pig ddim yn gryf iawn felly mae'n anaddas ar gyfer ymladd. Mae'n ei ddefnyddio i bigo ar ffrwythau, sef ei hoff fwyd.

Dydy twcan ddim yn gallu hedfan yn dda iawn gan mai adenydd eithaf bach sydd ganddo, ond gall gydio'n dynn mewn canghennau gyda'i grafangau miniog a chryf. Mae'n byw mewn twll yn y coed ac mae'n aderyn eithaf swnllyd. Mae'r twcan dan **fygythiad** a'r niferoedd yn **gostwng**.

Aderyn y si

Dyma un o adar lleiaf y byd. Mae'n mesur rhwng 7.5 ac 13 cm o hyd. Y sŵn mae ei adenydd yn ei wneud wrth guro yn ôl ac ymlaen sydd wedi rhoi ei enw i aderyn y si. Mae'n gallu ysgwyd ei adenydd tua 100 gwaith mewn eiliad, a gall hofran a hedfan am yn ôl. Mae aderyn y si i'w weld yn Ne America yn bennaf. Mae'n yfed nectar o flodau, ac weithiau'n bwyta pryfed.

Pengwin

Mae gan bengwin **esgyll** yn lle adenydd. Dydy pengwin ddim yn gallu hedfan, ond mae'n gallu nofio cystal ag unrhyw bysgodyn. Mae'n treulio hanner ei amser ar y tir a'r hanner arall yn y môr. Mae'r rhan fwyaf o bengwiniaid y byd yn byw yn **hemisffer y de**. Dim ond pengwiniaid y Galápagos sy'n byw i'r gogledd o'r **cyhydedd**.

Y pengwin mwyaf yw'r **ymerawdwr**. Mae'n mesur tua 115 cm, sydd yn debyg i daldra plentyn 6 oed, ac yn pwyso 35 kg **ar gyfartaledd**. Mae'n byw yn yr Antarctig. Mae'n gallu bod mor oer â -60 C yno.

Y pengwin lleiaf glas, neu'r pengwin tylwyth teg, yw'r math lleiaf. Ar gyfartaledd, mae'n mesur 35 cm o ran taldra ac yn pwyso 1 kg.

O dan dy draed ac uwch dy ben

Byd natur

Rhagair

Llyfr yn llawn o ffeithiau a darnau ffuglen sydd yma, er mwyn annog plant i chwilio a chwalu ac i fwynhau darllen yn annibynnol. Mae pob uned yn cynnwys dau destun ffeithiol a dau destun ffuglen, gyda'r ddau destun ar y tudalennau melyn yn llai heriol, a'r ddau destun ar y tudalennau porffor ar gyfer darllenwyr haen uwch/MATh. Mae yma enghreifftiau o wahanol ddiben a *genres* o ysgrifennu, yn unol â'r hyn sydd wedi ei nodi yn y Rhaglen Astudio.

Mae'r cwestiynau sydd ymhob uned (Chwilio a chwalu) yno er mwyn datblygu sgiliau ymresymu a thrafod, ac er bod ambell un o'r cwestiynau yn fwy llythrennol, nid ydynt wedi eu gosod mewn trefn. Mae hyn yn rhoi cyfle i bob plentyn roi tro ar bob cwestiwn, yn hytrach na chyfyngu ar awydd plentyn i geisio trafod y cwestiynau heriol.

Ceir geirfa yng nghefn y llyfr er mwyn i'r darllenydd ifanc gael ymchwilio'n annibynnol i ystyr y geiriau sydd wedi'u duo, i helpu gyda dealltwriaeth ac i ehangu stôr geirfa. Bwriedir i'r eirfa fod yn lled heriol, er mwyn sicrhau digon o her.

Cynnwys

Haen Sylfaenol/Canolig

Haen Uwch/MATh

O dan dy draed ac uwch dy ben

Adar

Adar ysglyfaethus

Math arbennig o aderyn yw aderyn **ysglyfaethus**. Mae adar ysglyfaethus yn hela ac yn bwyta **mamolion** bach fel llygod ac adar bach. Weithiau byddan nhw'n hela cwningod bach.

Gwalch glas

ceiliog

iâr

nythu mewn coed

hela adar bach i'w bwyta yn bennaf

symud a gwibio'n dawel drwy'r coed

mesur rhwng 28 a 38 cm o hyd a rhwng 55 a 70 cm ar draws yr adenydd

yr iâr yn gallu bod hyd at ddwywaith yn drymach na'r ceiliog

Bwncath/Boda

nythu mewn coed fel arfer, ond weithiau mewn creigiau

hela wrth hedfan dros dir agored, ac wrth eistedd neu sefyll ar safle is yn gwylio

bwyta adar a mamolion bach, pryfed, a mamolion mwy sydd wedi marw, fel defaid

mesur rhwng 51 a 57cm o hyd a rhwng 113 a 128 cm ar draws yr adenydd

gallu swnio fel cath yn mewian

Barcud coch

nythu yn uchel i fyny mewn coed, tua 12-20 m o'r ddaear

byw a hela yn y goedwig, ar dir amaethyddol ac ar fryniau

bwyta mamolion marw a phryfed genwair yn bennaf, ond weithiau mamolion bach byw hefyd

wedi bod yn isel iawn o ran niferoedd (yng Nghymru oedd y rhai olaf yn byw); cynnydd wedi bod erbyn hyn

mesur rhwng 60 a 66 cm o hyd a rhwng 175 a 195 cm ar draws yr adenydd

cynffon **fforchog** ac adenydd hir a chul

golwg ardderchog

pig bachog

coesau a chrafangau cryf

Cnoi cil

Mae'r rhan fwyaf o adar ysglyfaethus yn ddeallus iawn, ac mae ganddyn nhw olwg gwych. Mae'r ieir yn fwy na'r ceiliogod.

Yr hebog

Arnofio ar awel fain,
Ei adenydd yn **fantell** hudol
Yn ei godi'n uwch ac yn uwch.
Islaw mae'n gweld ei fyd
Trwy lygaid **amyneddgar**, craff,
Yn chwilio'r mannau cudd.
Yna'n sydyn, fel carreg,
Syrthia o'r cymylau yn grafangau i gyd,
Ei ginio blewog **yn gelain** yn ei big.

Menna Beaufort Jones

Chwilio a chwalu

Beth am drafod gyda ffrind i weld a ydych chi'n cytuno gyda'r atebion? Trafodwch ble'r ydych chi'n dod o hyd i'ch ateb, os yw yn y testun.

1 Sut mae'r twcan yn defnyddio'i big?

2 Pa fath o bengwin yw'r lleiaf?

3 Beth yw'r gwahaniaeth mewn taldra rhwng y pengwin lleiaf a'r mwyaf?

4 Pam mae'r bardd yn dweud bod yr hebog yn 'arnofio'?

5 Pam mae'r bardd wedi defnyddio'r gair 'amyneddgar' yn eich barn chi?

6 Pam mae'r twcan dan fygythiad yn eich barn chi?

O dan dy draed ac uwch dy ben

Trychfilod

Mae gan drychfilod dri phâr o goesau, ac mae rhai yn gallu hedfan.
Creaduriaid **di-asgwrn-cefn** ydyn nhw. Un math o drychfil yw chwilen.
Mae gan chwilod adenydd ffug sy'n diogelu'r gwir adenydd oddi tanyn nhw.

Chwilen ddu

Dydy chwilen ddu ddim yn gallu hedfan ond mae'n gallu rhedeg yn gyflym. Mae ei chorff yn ddu ac yn sgleiniog iawn. Mae'n bwyta gwlithod, malwod, pryfed genwair a phryfed.

Chwilen glust

Mae chwilen glust yn byw y tu allan o dan ddail wedi pydru, mewn hen **foncyffion** coed, neu mewn craciau tywyll. Daw allan yn y nos i fwyta planhigion, blodau a phryfed bach.

Chwilen Hercules

Mae'r chwilen hon i'w gweld yng Nghanolbarth a De America. Hi yw un o'r creaduriaid cryfaf yn y byd. Mae'n debyg ei bod yn gallu cario hyd at 850 gwaith ei phwysau ei hun ar ei chefn!

Chwilen Goliath

Dyma'r chwilen fwyaf ar y ddaear. Mae'n byw yn Affrica, ond mae rhai pobl yn cadw chwilen Goliath fel anifail anwes.

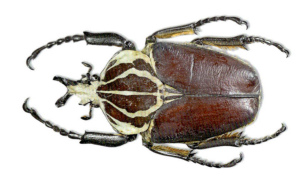

Cnoi cil

Mae llawer o bobl ar draws y byd yn bwyta trychfilod oherwydd eu bod yn llawn **protein**.

O dan dy draed ac uwch dy ben

Gwyliau Parc Gwyn

Bryn y Gors
Tregaron
Ceredigion

30 Hydref 2018

Parc Gwyn
Dinbych-y-pysgod
Sir Benfro

Annwyl Reolwr,

Rydym newydd ddychwelyd o wyliau penwythnos ym Mharc Gwyn. Yn anffodus, nid oedd yn wyliau ymlaciol iawn gan i nifer o broblemau godi pan oedden ni yno.

Yn gyntaf, roedd safon y bwthyn gwyliau yn is na'r disgwyl. Doedd yr ystafell wely ddwbl ddim yn ddigon mawr, a doedd dim byd yn y taflenni hysbysebu yn dweud y byddai'r plant yn gorfod cysgu ar soffa yn y lolfa.

Nid oedd **cyfarpar** y gegin yn **dderbyniol** chwaith. Yn wir, bu'n rhaid i ni fwyta allan bob nos gan nad oedd modd i ni goginio prydau bwyd yn y bwthyn. Ychwanegodd hyn lawer o gostau ar ben pris y gwyliau.

Fodd bynnag, y peth gwaethaf am ein profiad oedd y pla o drychfilod oedd wedi **ymgartrefu** yn yr ystafell ymolchi. Cafodd y plant fraw ofnadwy wrth weld y creaduriaid rhyfedd hyn yn cerdded yn ôl ac ymlaen rhwng y gawod a'r tŷ bach.

Rwy'n mawr obeithio y byddwch yn delio â'r materion hyn ac y byddwch yn glanhau'r bythynnod yn **drwyadl** cyn i neb arall aros yno.

Yn gywir,

Mr Siôn Williams

Chwilio a chwalu

Beth am drafod gyda ffrind i weld a ydych chi'n cytuno gyda'r atebion? Trafodwch ble'r ydych chi'n dod o hyd i'ch ateb, os yw yn y testun.

1 Pryd mae'r chwilen glust yn dod allan i fwyta?

2 Pa chwilen yw un o'r creaduriaid cryfaf yn y byd?

3 I ble roedd y teulu Williams wedi bod ar wyliau?

4 Rhowch reswm o blaid ac yn erbyn bwyta trychfilod.

5 Enwch ddau beth mae Mr Williams yn cwyno amdano.

6 Beth ydych chi'n meddwl fydd ateb rheolwr y parc i lythyr Mr Williams?

Trychfilod

Morgrug

Creaduriaid prysur iawn yw morgrug. Gall rhai mathau hedfan, a gall mathau eraill nofio. Mae rhai yn cnoi hefyd. Gall morgrug fyw mewn nifer o fannau – o dan bentwr o frigau, mewn tyllau dwfn yn y ddaear, neu o dan bentwr o dywod neu bridd.

Maen nhw'n byw mewn grwpiau anferth ac mae swydd gan bob un. Mae rhai morgrug yn bwysicach na'r lleill ymhob grŵp – mae miloedd o weithwyr yn chwilio am fwyd ac yn adeiladu nyth, yn ogystal â milwyr, sef y morgrug gwrywaidd, a brenhines (neu fwy nag un brenhines weithiau).

> Mae brenhines un math o forgrug yn gallu byw tan ei bod yn 30 oed!

> Does gen forgrug ddim clustiau. Maen nhw'n teimlo **dirgryniadau** o'r ddaear gyda'u traed.

> Maen nhw'n anadlu trwy dyllau yn eu cyrff.

> Mae morgrug yn gryf, ac maen nhw'n gweithio gyda'i gilydd i gario dail a brigau i adeiladu eu nyth.

> Mae'n debyg bod dros filiwn o forgug am bob un person sy'n byw ar y Ddaear.

> Mae morgrug yn byw ar bob **cyfandir** yn y byd heblaw am yr Antarctig.

Beth am ymchwilio i weld beth sydd o dan eich traed?

Bydd angen:

chwyddwydr
blwch trychfilod
llyfr nodiadau a phensil
camera

Wrth edrych ar ddarn 1 metr wrth 1 metr yn yr ardd, dyma faint o drychfilod a chreaduriaid ddaeth un criw o blant o hyd iddyn nhw.

Trychfilod a chreaduriaid yr ardd

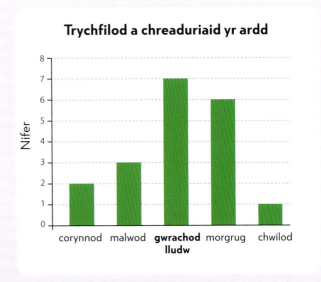

FFUGLEN

Y morgrug a cheiliog y rhedyn
(Addasiad o chwedl Aesop)

Un diwrnod braf yn yr hydref hwyr, roedd teulu o forgrug yn mwynhau'r haul **hydrefol**. Roedden nhw'n brysur, fel arfer. Yn ystod yr haf roedden nhw wedi bod yn casglu **grawn**, a nawr, yng ngwres cynnes yr haul, roedd yn amser sychu'r grawn a'u storio ar gyfer y gaeaf.

Wrth iddyn nhw barhau â'r gwaith hwn, daeth Ceiliog y Rhedyn heibio. Roedd yn cario ffidil o dan ei gesail a cherddai yn **hamddenol**. Arhosodd am sbel yn edrych ar y morgrug yn mynd yn ôl ac ymlaen, yn ôl ac ymlaen, yn ôl ac ymlaen.

"Oes gennych chi fwyd yn sbâr?" holodd ymhen ychydig.

Gwylltiodd y morgrug yn gacwn.

"Beth? Pam nad wyt ti wedi storio bwyd ar gyfer y gaeaf? Beth yn y byd wyt ti wedi bod yn ei wneud dros yr haf?" holodd y morgrug yn flin.

"Ches i ddim amser i storio bwyd," cwynodd Ceiliog y Rhedyn. "Roeddwn i'n rhy brysur yn chwarae fy ffidil, a chyn imi sylweddoli, roedd yr haf ar ben a'r hydref wedi cyrraedd."

Wrth wrando ar gŵyn Ceiliog y Rhedyn roedd y morgrug yn dal i symud y grawn o olwg yr haul i'r storfa.

"Chwarae ffidil, wir!" gwaeddodd un morgrugyn.

"Defnyddiol iawn – bydd hynny'n siŵr o lenwi dy fol di dros y gaeaf," meddai un arall.

Wrth ystyried geiriau'r morgrug, sylweddolodd Ceiliog y Rhedyn bod angen rhoi amser i chwarae ac amser i weithio mewn bywyd.

Cnoi cil

Mewn ambell wlad mae morgrug wedi eu **gorchuddio** â siocled yn cael eu bwyta fel melysion!

Chwilio a chwalu

Beth am drafod gyda ffrind i weld a ydych chi'n cytuno gyda'r atebion? Trafodwch ble'r ydych chi'n dod o hyd i'ch ateb, os yw yn y testun.

1 Ble yn y byd fyddech chi ddim yn gweld morgrug?

2 Sawl gwrachen ludw oedd yn yr ardd yn ôl y graff?

3 Beth yw'r neges neu'r wers yn y chwedl?

4 Sut brofiad fyddai bwyta morgrug mewn siocled yn eich barn chi?

5 Wrth edrych ar enwau rhai o'r morgrug, pwy sydd â'r swydd bwysicaf yn eich barn chi?

6 Pa fath o gymeriad yw Ceiliog y Rhedyn? Beth sy'n gwneud i chi feddwl hyn?

O dan dy draed ac uwch dy ben

Ehedwyr prysur

Gwenyn

- Mae rhai'n dadlau mai'r wenynen yw creadur pwysicaf ein byd.
- Mae'r wenynen yn ffrind da i ffermwyr a garddwyr oherwydd hi sy'n **peillio** y rhan fwyaf o flodau, llysiau a ffrwythau'r byd.
- Ym Mhrydain, mae mwy na 250 o wahanol fathau o wenyn.
- Mae gwenyn yn byw mewn teuluoedd lle mae un frenhines yn **teyrnasu**.
- Mae'r frenhines yn tua 2 cm o hyd, ond tua 1.5 cm yw'r gwenyn eraill.

Mae'n siŵr eich bod wedi bwyta brechdan jam, ffrwythau ffres neu sych, ac wedi yfed sudd ffrwyth neu goffi. Mae'r wenynen wedi cyfrannu at greu'r rhain i gyd. Mae hi'n casglu hadau a'u cario o un man i'r llall, ac yn peillio'r planhigion i fwyd allu tyfu ar ein cyfer ni.

Sut mae gwneud mêl?

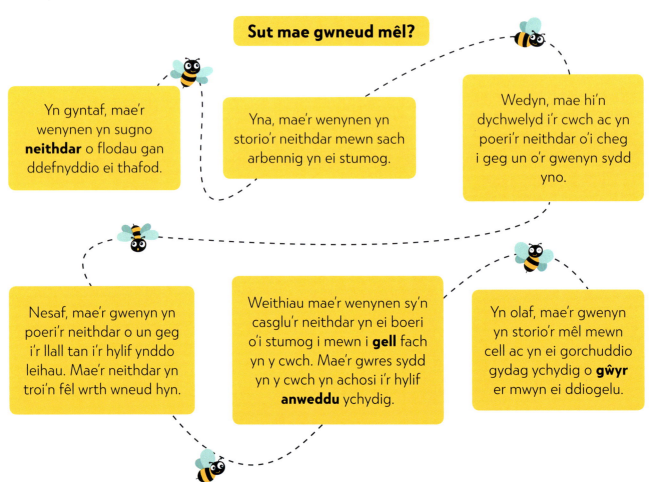

Yn gyntaf, mae'r wenynen yn sugno **neithdar** o flodau gan ddefnyddio ei thafod.

Yna, mae'r wenynen yn storio'r neithdar mewn sach arbennig yn ei stumog.

Wedyn, mae hi'n dychwelyd i'r cwch ac yn poeri'r neithdar o'i cheg i geg un o'r gwenyn sydd yno.

Nesaf, mae'r gwenyn yn poeri'r neithdar o un geg i'r llall tan i'r hylif ynddo leihau. Mae'r neithdar yn troi'n fêl wrth wneud hyn.

Weithiau mae'r wenynen sy'n casglu'r neithdar yn ei boeri o'i stumog i mewn i **gell** fach yn y cwch. Mae'r gwres sydd yn y cwch yn achosi i'r hylif **anweddu** ychydig.

Yn olaf, mae'r gwenyn yn storio'r mêl mewn cell ac yn ei gorchuddio gydag ychydig o **gŵyr** er mwyn ei ddiogelu.

O dan dy draed ac uwch dy ben

Brecwast Jac

Doedd Jac ddim yn hoffi brecwast. Bob bore, byddai Jac yn **crychu** ei drwyn ac yn gwrthod beth bynnag fyddai ei dad yn ei gynnig iddo. Roedd Dad yn tynnu gwallt ei ben.

"Mae'n rhaid i ti fwyta brecwast, Jac, neu fyddi di ddim yn gallu canolbwyntio yn yr ysgol a byddi di'n teimlo'n wan."

"Bydda i'n iawn – dwi'n cael gwydraid o laeth a ffrwyth amser chwarae," oedd ateb Jac bob tro.

Fel hyn roedd hi bob bore, tan i Dad gael syniad un diwrnod.

Pan ddaeth Jac yn ôl o'r ysgol y diwrnod hwnnw, roedd Dad wedi paratoi te sydyn iddo – brechdan, banana a diod. Cyhoeddodd eu bod nhw'n mynd am dro felly gwisgodd y ddau eu cotiau ac i ffwrdd â nhw.

Ymhen dim, agorodd Dad glwyd a oedd yn arwain at **randir** y pentref. Daeth Ffred drws nesaf i'w croesawu. Roedd Ffred wedi gwisgo fel **estron** rhyfedd mewn siwt wen a phenwisg. Syllodd Jac ar ei dad.

"Mae Ffred yn mynd i ddangos i ni sut i wneud aur!" meddai Dad.

Agorodd llygaid Jac led y pen. Yng nghornel y rhandir roedd cwt rhyfedd yr olwg. Camodd Ffred ato'n ofalus gan awgrymu na ddylai Jac a'i dad ddod yn agosach.

Agorodd Ffred do'r cwt a hedfanodd gwenyn allan ohono. Gwenodd Dad ar Jac gan egluro mai gwenynwr oedd Ffred a'i fod yn gwneud mêl. Ymhen dim, daeth Ffred draw â phot o aur yn ei law a'i roi i Jac yn anrheg. Ar ôl diolch, cerddodd Jac a'i dad am adre.

Amser brecwast drannoeth, doedd dim angen i Dad dynnu gwallt ei ben.

"Hoffet ti dost aur i frecwast, Jac?"

"Os gweli di'n dda, Dad!" atebodd.

Chwilio a chwalu

Beth am drafod gyda ffrind i weld a ydych chi'n cytuno gyda'r atebion? Trafodwch ble'r ydych chi'n dod o hyd i'ch ateb, os yw yn y testun.

1 Sawl gwahanol fath o wenyn sydd ym Mhrydain?

2 Ble mae'r wenynen yn storio'r mêl tan iddi gyrraedd yn ôl i'r cwch?

3 Beth oedd enw cymydog Jac?

4 Pam mae'n rhaid i ni ofalu am y gwenyn yn eich barn chi?

5 Defnyddiwch y testun i ddangos pryd sylweddoloch chi beth oedd syniad Dad.

6 Pa reswm mae Dad yn ei roi i Jac dros fwyta brecwast yn y bore? Ydych chi'n cytuno? Pam?

FFEITHIOL

Ehedwyr prysur

Pilipalod

Weithiau, wrth fynd am dro yn yr haf, mae pilipala yn hedfan ymhlith y blodau. Math o bryfyn yw hwn sydd weithiau'n cael ei alw'n iâr fach yr haf neu'n löyn byw. Mae gan bilipala adenydd mawr o'u cymharu â maint ei gorff, ac fel arfer mae'n lliwgar. Mae tua 60 gwahanol fath o bilipalod ym Mhrydain.

Cylch bywyd pilipala

Wedi i'r gwryw a'r fenyw **baru** yn gynnar yn yr haf mae'r fenyw yn dodwy wyau ar ddeilen. Maen nhw'n wyau am ychydig wythnosau fel arfer.

Yn dilyn hyn mae **lindys** yn deor o'r wyau. Y peth cyntaf mae lindysyn llwglyd yn ei wneud yw bwyta'r peth agosaf ato, sef y ddeilen. Wrth edrych yn ofalus ar ddail yn yr ardd efallai y gwelwch chi eu hôl.

Ar ôl bwyta a bwyta, mae'r lindysyn yn creu gwe o **edau sidan** ac yn cau ei hun i mewn ynddo, fel sach gysgu. Bydd yn aros fel hyn am rai wythnosau.

Bydd yr edau sidan yn troi'n **chwiler**, sef gorchudd o groen caled sy'n gwarchod y lindysyn wrth iddo drawsffurfio.

Mae chwiler yn chwalu pan fydd y pilipala yn barod i ymddangos.

Metamorffosis yw'r enw gwyddonol ar y broses hon.

Ceir nifer o wahanol fathau o bilipalod gyda phatrymau amryliw a diddorol ar eu hadenydd. Dyma rai cyffredin sydd i'w gweld yng Nghymru:

trilliw bach
gwyn mawr

gwyn bach
mantell paun

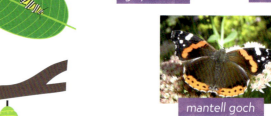
mantell goch

Mae'n bosibl camgymryd gwyfynod am bilipalod. Mae ambell wyfyn yn hynod lliwgar ac yn hedfan yn y dydd. Un tebyg iawn i bilipala yw teigr yr ardd:

Cnoi cil

Dydy pilipala ddim yn gallu hedfan os yw hi'n oer. Mae'n rhaid i bilipala yfed neithdar i gael egni i hedfan hefyd.

Rysáit – Hedfan fel pilipala

Cynhwysion

- un gynffon oen bach
- dau frigyn **crin**
- tri llond cwpan wy o gryndod
- pedair adain tylwyth teg
- pum pinsiad o amynedd
- chwe chwpanaid o awel fwyn
- saith o liwiau'r enfys hardd
- wyth smotyn ci
- naw siôl o sidan pur
- deg diferyn o wlith y bore

Dull

1. Torrwch wlân meddalaf cynffon yr oen a'i osod mewn powlen.
2. Ychwanegwch y brigau crin, y siolau sidan ac adenydd y tylwyth teg.
3. Cymysgwch yn dda.
4. Ychwanegwch y deg diferyn o wlith, un ar y tro, gan barhau i gymysgu.
5. Yn ofalus, arllwyswch y cryndod a'r amynedd i mewn.
6. Arllwyswch y cyfan i dun pobi.
7. Pobwch mewn popty am ddeg munud nes ei fod yn euraidd.
8. Mewn powlen arall, ychwanegwch yr awel fwyn, y smotiau ci a lliwiau'r enfys er mwyn creu eisin meddal.
9. Tynnwch y tun o'r popty a gadewch iddo oeri.
10. Ar ôl iddo oeri, addurnwch gyda'r eisin a mwynhewch!

Chwilio a chwalu

Beth am drafod gyda ffrind i weld a ydych chi'n cytuno gyda'r atebion? Trafodwch ble'r ydych chi'n dod o hyd i'ch ateb, os yw yn y testun.

1 Pa enwau eraill sydd gan y pilipala?

2 Beth sydd ei angen ar bilipala i allu hedfan?

3 Beth mae lindys yn ei fwyta?

4 Pa un yw eich hoff bilipala? Rhowch reswm dros eich dewis.

5 Pam mae angen tri llond cwpan wy o gryndod ar y swyn yn eich barn chi?

6 Pa gynhwysion sy'n creu'r eisin meddal? Pa fath o eisin fydd hwn yn eich barn chi?

Cynefinoedd

Yr ardd

Un o'r pethau pwysicaf mewn gardd yw pridd. Dydy planhigyn ddim yn gallu byw heb bridd, neu rywbeth tebyg, i'r gwreiddiau dyfu ynddo.

Mae mwydyn yn ffrind mawr i arddwyr a ffermwyr. Mae'r creadur bach hwn yn dod ag aer a dŵr i'r pridd, ac yn helpu i greu pridd llawn maeth. Bydd llawer o arddwyr yn defnyddio mwydod i greu compost ar gyfer yr ardd.

Y goedwig

Mae'r **goedlan** yn lle diddorol iawn. Bydd coed yn bwrw eu dail yn yr hydref a byddan nhw'n gorwedd ar lawr gan **bydru** gydag amser. Mae hyn yn helpu pob math o blanhigion i dyfu.

Wrth fynd am dro mewn coedwig ym mis Ebrill a Mai, mae golygfa hynod brydferth i'w gweld weithiau, sef carped o flodau glas sy'n tyfu'n wyllt – clychau'r gog.

Cnoi cil

Gall mwydyn fwyta pwysau ei gorff o bridd a phlanhigion marw bob dydd. Mae hefyd yn gallu gwaredu yr un faint o garthion o'i gorff bob dydd.

Glan y môr

Pan fydd **llanw**'r môr allan, bydd **gweddillion** fel cregyn a gwymon yn aros ar y traeth. Mae creaduriaid wedi marw ymysg y gweddillion weithiau hefyd, a sbwriel yn anffodus. Weithiau, bydd pobl yn casglu cregyn a gwymon ar lan y môr.

Cregyn

llygad maharen

cocosen

cragen las

cyllell fôr

cocosen y gwylanod

Gwymon

gwymon hirgoes

gwymon codog mân

letys y môr

Yn aml, bydd y mochyn daear yn gwneud ei gartref wrth wneud twll mewn **boncyff** coeden fawr. Un da am dyllu yw'r mochyn daear.

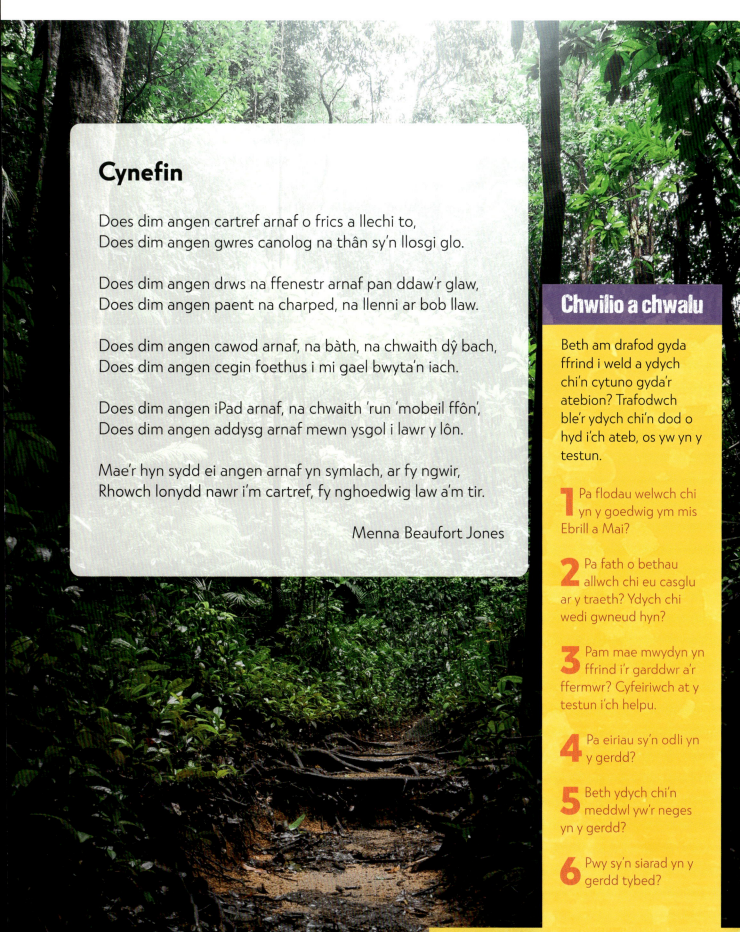

Cynefin

Does dim angen cartref arnaf o frics a llechi to,
Does dim angen gwres canolog na thân sy'n llosgi glo.

Does dim angen drws na ffenestr arnaf pan ddaw'r glaw,
Does dim angen paent na charped, na llenni ar bob llaw.

Does dim angen cawod arnaf, na bàth, na chwaith dŷ bach,
Does dim angen cegin foethus i mi gael bwyta'n iach.

Does dim angen iPad arnaf, na chwaith 'run 'mobeil ffôn',
Does dim angen addysg arnaf mewn ysgol i lawr y lôn.

Mae'r hyn sydd ei angen arnaf yn symlach, ar fy ngwir,
Rhowch lonydd nawr i'm cartref, fy nghoedwig law a'm tir.

Menna Beaufort Jones

Chwilio a chwalu

Beth am drafod gyda ffrind i weld a ydych chi'n cytuno gyda'r atebion? Trafodwch ble'r ydych chi'n dod o hyd i'ch ateb, os yw yn y testun.

1 Pa flodau welwch chi yn y goedwig ym mis Ebrill a Mai?

2 Pa fath o bethau allwch chi eu casglu ar y traeth? Ydych chi wedi gwneud hyn?

3 Pam mae mwydyn yn ffrind i'r garddwr a'r ffermwr? Cyfeiriwch at y testun i'ch helpu.

4 Pa eiriau sy'n odli yn y gerdd?

5 Beth ydych chi'n meddwl yw'r neges yn y gerdd?

6 Pwy sy'n siarad yn y gerdd tybed?

Cynefinoedd

Coedwig law

Oherwydd bod coed tal a thrwchus yn llenwi coedwigoedd glaw, mae'r ddaear o dan y coed yn gallu bod yn dywyll a diflas. Dydy'r llawr ddim yn gweld llawer ar yr haul.

Mae dail a **rhisgl** y coed yn syrthio i'r llawr ac yn **pydru** yn gyflym gan ei fod yn lle cynnes, cyn suddo'n ôl i'r ddaear a rhoi maeth i'r coed. Planhigion eraill sy'n elwa o'r maeth yw **mwsogl**, rhedyn a madarch ar lawr y goedwig law.

coedwig law Borneo

coedwig law Borneo

Pilipinas

Malaysia

Borneo

Indonesia

O dan y môr

Un o **riffiau cwrel** mwyaf bregus y byd yw'r Triongl Cwrel yn ne-ddwyrain Asia. Mae llawer o bobl yr ardal yn dibynnu ar bysgota fel **bywoliaeth**. Yn anffodus, mae'r **technegau** maen nhw'n eu defnyddio i bysgota, a faint o bysgota sy'n digwydd yno, yn niweidio'r cwrel.

Mae 75% o **rywogaethau** cwrel y byd i'w gweld yma – tua 600 gwahanol fath. Mae dros 2,000 o wahanol fathau o bysgod yn byw yn y gerddi hyn o dan ddŵr y Triongl Cwrel.

Dinistr!

Yn anffodus, mae coedwig law Borneo, fel llawer o goedwigoedd glaw, dan **fygythiad**. Roedd coedwig law yn arfer gorchuddio dros 70% o dir ynys Borneo. Erbyn hyn, dim ond tua 50% o'r tir sydd yn goedwig law.

Mae'n gartref i tua 15,000 o wahanol fathau o blanhigion a thros 200 o anifeiliaid – tua 40 o'r rheiny'n byw yn Borneo yn unig. Mae rhai o'r anifeiliaid hyn yn brin, fel arth yr heulwen a'r orangwtang, neu hen ŵr y coed.

arth yr heulwen

orangwtang

Y TRIONGL CWREL

PILIPINAS

MALAYSIA

BORNEO

INDONESIA

PAPUA GUINEA NEWYDD

YNYSOEDD SOLOMON

AWSTRALIA

Antur y traeth

Dydd Sadwrn

Codais yn gynnar bore 'ma - ro'n i wedi cyffroi! Roedd gen i deimlad bod heddiw'n mynd i fod yn ddiwrnod arbennig. Galwodd Gwenno yn gynnar yn y bore ac ro'n i'n barod amdani! Roedd brechdanau, salad ffrwythau a bisgedi siocled yn barod mewn bocs, a dwy botelaid o ddŵr a blanced mewn bag. Wrth i ni frysio drwy'r drws, rhybuddiodd Mam ni'n dwy i fod yn ofalus, ond roedden ni wedi diflannu cyn iddi orffen ei brawddeg!

Pan gyrhaeddon ni'r traeth, doedd dim enaid byw yn unman. Dadbaciodd Gwenno'r offer a gosodais i'r bag wrth graig fawr. Cerddon ni am filltiroedd, dwi'n siŵr. Roedden ni ar fin rhoi'r ffidil yn y to a mynd i gael cinio pan ddigwyddodd rhywbeth. Doedden ni ddim yn gallu credu'r peth! Canodd y peiriant yn uwch ac yn uwch - roedd y sŵn yn glir fel cloch. Roedd y ddwy ohonon ni'n crynu fel dail wrth balu'n wyllt. Dyna pryd clywon ni'r rhaw yn taro rhywbeth metel, caled.

Mae gweddill y diwrnod fel breuddwyd a dweud y gwir. Dwi ddim yn credu'r peth yn dal - roedden ni'n arwyr, ac yn ôl Gwenno, yn arwyr cyfoethog . . .

Dydd Llun

Wel, am ddiwrnod oedd ddoe! Doedd dim hyd yn oed amser i ysgrifennu yn y dyddiadur neithiwr - es i'n syth i'r gwely wedi blino'n lân. Roedd pawb yn y pentre' wedi clywed am antur Gwenno a fi, a daeth y papur lleol i dynnu ein llun ni. Ro'n i'n teimlo fel ychydig o seléb! Dwi wedi blino heno hefyd, felly gwely cynnar amdani eto. Dwi'n mynd i godi'n gynnar 'fory i weld fy llun yn y papur newydd, ac i ddarllen am antur y merched ddaeth o hyd i drysor ar y traeth ddydd Sadwrn!

Chwilio a chwalu

Beth am drafod gyda ffrind i weld a ydych chi'n cytuno gyda'r atebion? Trafodwch ble'r ydych chi'n dod o hyd i'ch ateb, os yw yn y testun.

1 Pam mae'r dail yn pydru mor gyflym mewn coedwig law?

2 Enwch ddau greadur sy'n byw yng nghoedwig law Borneo.

3 Beth oedd ym mocs bwyd y merched?

4 Pa ran o'r dyddiadur sy'n dangos bod y ferch yn llawn cyffro? Defnyddiwch y testun i'ch helpu.

5 Pa fath o bethau allai'r merched eu darganfod ar y traeth?

6 Yn eich barn chi, beth sydd bwysicaf - bod y pysgotwyr yn gallu gwneud bywoliaeth neu amddiffyn y cwrel?

O dan dy draed ac uwch dy ben

Stormydd a chorwyntoedd

Mae stormydd yn gallu effeithio ar y tir a'r môr, ac ar bobl. Wrth feddwl am storm rydyn ni'n meddwl am dywydd garw a gwyllt, gyda glaw trwm, gwyntoedd cryfion, ac weithiau mellt a tharanau. Rydyn ni'n gweld mellten cyn clywed taran oherwydd bod golau yn teithio'n gyflymach na sain.

Storm bwerus

Mae gwyntoedd cryf iawn yn gallu datblygu i fod yn **gorwyntoedd**. Gall corwynt gyrraedd cyflymder o hyd at 310 km yr awr.

Cnoi cil

Mae corwyntoedd yn **hemisffer y de** yn troelli gyda'r cloc (clocwedd).

Mae corwyntoedd yn **hemisffer y gogledd** yn troelli yn groes i gyfeiriad y cloc (gwrthglocwedd).

Trychinebau

Mewn rhai achosion, gall stormydd a chorwyntoedd greu dinistr enfawr. Dydy hyn ddim yn digwydd yn aml yn y wlad hon, ond cafodd ardal Aberystwyth ei tharo gan gorwynt yn 2016.

Mae rhai gwledydd yn gweld effeithiau tywydd eithafol yn aml ac mae pobl yn gallu cael eu lladd o ganlyniad i'r rhai gwaethaf. Cafodd dros 3,000 o bobl eu lladd yn Dominica, Ynysoedd Virgin U.D. a Puerto Rico o ganlyniad i gorwynt Maria ym mis Medi 2017.

Dinistr corwynt Maria

O dan dy draed ac uwch dy ben

Dadl yr Haul a'r Gwynt

Roedd yr Haul a'r Gwynt yn dadlau byth a hefyd. Roedden nhw'n hoffi chwarae triciau a chystadlu i weld pwy oedd y gorau.

Un diwrnod, gwelon nhw ddyn yn cerdded ar y stryd. Gwisgai got gynnes a het.

"Hei, Haul!" bloeddiodd y Gwynt ar draws y cymylau. "Mi fentra i y galla i dynnu'r got a'r het oddi ar y dyn," chwarddodd yn uchel.

Edrychodd yr Haul i lawr ar y dyn a gwenu wrth ei hun.

"Iawn, cer di gynta, ond does dim gobaith gen ti. Fi fydd yn ennill y gystadleuaeth hon, yn bendant."

Gwylltiodd y Gwynt wrth glywed yr Haul yn gwneud hwyl am ei ben a chyda'i holl nerth fe chwythodd a chwythodd, nes i bron pob coeden ar y stryd dorri yn eu hanner.

Tynnodd y dyn ei got yn dynnach amdano a chydiodd yn sownd yn ei het. Ymhen dim, roedd y Gwynt wedi colli'i wynt!

"Iawn, dy … dro … di – dwi wedi … methu," sibrydodd yn fyr ei anadl.

Dechreuodd yr Haul wenu'n braf. **Ymestynnodd** ei belydrau hir, poeth ar draws yr awyr a syllu ar y dyn.

Allai hwnnw ddim credu ei lygaid – gwynt un munud a haul y munud nesaf. Am dywydd! meddyliodd wrth ei hun. Dechreuodd y dyn chwysu dan wres yr haul. **Datododd** fotymau ei got a thynnu ei het. Cyn bo hir, roedd y gwres yn danbaid. Roedd chwys yn diferu oddi ar dalcen y dyn ac, o'r diwedd, bu'n rhaid iddo dynnu ei got.

"Dyna ti – dwi wedi ennill eto," cyhoeddodd yr Haul gan wenu'n deg.

Gwgodd y Gwynt ar yr Haul. Roedd yn benderfynol o ennill y gystadleuaeth nesaf!

Chwilio a chwalu

Beth am drafod gyda ffrind i weld a ydych chi'n cytuno gyda'r atebion? Trafodwch ble'r ydych chi'n dod o hyd i'ch ateb, os yw yn y testun.

1 Beth sy'n wahanol am gorwyntoedd yn hemisffer y de a hemisffer y gogledd?

2 Pa un ddaw gyntaf, mellten neu daran? Pam?

3 Pam mae'r Gwynt a'r Haul yn dadlau?

4 Meddyliwch am ansoddeiriau sy'n disgrifio storm.

5 Pam mae'r Gwynt yn fyr ei anadl?

6 Oes neges yn y stori? Os felly beth yw'r neges honno?

O dan dy draed ac uwch dy ben

Stormydd a chorwyntoedd

Wrth feddwl am storm, rydyn ni'n meddwl am dywydd garw a gwyllt, gyda glaw trwm, gwyntoedd cryfion, ac weithiau mellt a tharanau.

Mae storm fellt a tharanau yn werth ei gweld. Rydyn ni'n gweld mellten cyn clywed taran oherwydd bod golau yn teithio'n gyflymach na sain.

Corwyntoedd

Math arbennig o storm yw corwynt. Os yw cyflymder y gwynt yn codi dros 74 milltir yr awr (119 km yr awr), mae'r storm yn cael ei galw'n gorwynt.

Mae **corwyntoedd** yn ffurfio dros ddŵr cynnes **cefnforoedd** ger y **cyhydedd**. Mae'r aer cynnes, **llaith** yn codi i greu cymylau. Wrth i'r ddaear droi ar ei **hechel** mae'r cymylau yn troi'n gynt ac yn gynt trwy'r canol. Gelwir y rhan hwn yn 'llygad y storm'. Gall corwynt gyrraedd cyflymder o hyd at 320 km yr awr.

Mae'n bosibl gweld corwyntoedd o'r gofod:

Mae cryfder corwyntoedd yn cael eu nodi mewn categorïau:

Categori	Effaith
Categori 1	gwyntoedd rhwng 74 a 95 milltir yr awr (119-153 km yr awr)
Categori 2	gwyntoedd rhwng 96 a 110 milltir yr awr (154-177 km yr awr)
Categori 3	gwyntoedd rhwng 179 a 130 milltir yr awr (178-209 km yr awr); gall **ddifa** toeau a choed
Categori 4	gwyntoedd rhwng 131 a 155 milltir yr awr (210-249 km yr awr); gall pobl farw wrth i adeiladau ddymchwel a choed syrthio
Categori 5	gwyntoedd dros 155 milltir yr awr (249 km yr awr) – mae corwynt o'r fath yn achosi trychineb; roedd corwynt Katrina (Awst 2005) yn y categori hwn

Mae gwyddonwyr sy'n astudio'r tywydd (**meteorolegwyr**) yn enwi corwyntoedd. Maen nhw'n dechrau gyda'r llythyren A ac yn gweithio drwy'r wyddor, gan ddefnyddio enwau benywaidd a gwrywaidd bob yn ail. Gellir ailddefnyddio'r enwau bob chwe mlynedd.

Cnoi cil

Os yw corwynt wedi bod yn **ddinistriol** ac wedi achosi i bobl golli eu bywydau, dydy'r enw ddim yn cael ei ddefnyddio eto. Er enghraifft, ni fydd corwynt yn cael ei enwi yn Katrina eto oherwydd bod dros 1,200 o bobl wedi marw o ganlyniad iddo.

FFUGLEN

Y TRWMPEDWR

Papur wythnosol trigolion y ddinas jazz

1 Medi 2005 $2

KATRINA YN DINISTRIO

Mae dinas New Orleans wedi dechrau'r broses boenus o glirio'r llanastr ar ôl dinistr corwynt Katrina. Nid yw dinistr o'r fath yn ddieithr i New Orleans, oherwydd dyma'r chweched gwaith yn ystod y ganrif a aeth heibio i'r ddinas ddioddef llifogydd a **thrychinebau**. Fodd bynnag, doedd neb yn disgwyl y fath ddinistr y tro hwn. Mae'r trigolion yn beio'r **Llywodraeth** ac yn dweud na ddysgwyd gwersi o drychinebau'r gorffennol.

Yn ôl adroddiadau, dechreuodd y corwynt o gwmpas Ynysoedd y Bahamas ar 23 Awst, ond buan y sylweddolwyd bod Katrina ar y ffordd i New Orleans. Ar 28 Awst, cyhoeddodd y maer, Ray Nagin, bod yn rhaid i bawb ffoi o'r ddinas. Agorwyd y Superdome ar gyfer y rhai oedd yn methu ffoi, gan ei fod ar dir gweddol uchel.

Yn ôl un dyn fu'n aros yn y Superdome: "Doedd dim dewis gen i a'r teulu – does dim car gennyn ni, felly roedd yn rhaid cael **lloches** yn y stadiwm."

Erbyn y noson honno roedd 80% o'r boblogaeth wedi dianc a 10,000 o bobl yn y Superdome. Yn anffodus, roedd degau o filoedd wedi penderfynu aros yn eu cartrefi.

Erbyn y diwrnod canlynol, roedd hi wedi bod yn bwrw glaw ers oriau. Pan gyrhaeddodd y storm, cododd lefel y dŵr 9 troedfedd mewn mannau. Dinistriwyd y **morgloddiau** a doedd hi ddim yn bosibl dal llynnoedd Borgne na Pontchartrain yn ôl.

Cafodd pawb siom i'r **arlywydd** George W. Bush gadw draw, ond **canmolwyd** gwaith Gwylwyr y Glannau wrth iddyn nhw achub 34,000 o bobl.

Wrth i ni siarad â phobl y ddinas yr wythnos hon, dywedodd un ddynes: "Oni bai am fy mrawd, Robert, fyddwn i ddim yma heddiw i adrodd yr hanes."

Eisoes bu farw dros 1,000 o bobl o ganlyniad i'r corwynt. Mae'r clirio yn dal i fynd yn ei flaen, a bydd y gwaith yn parhau am fisoedd lawer.

O dan dy draed ac uwch dy ben

Llosgfynyddoedd

Agoriad mewn mynydd yw llosgfynydd fel arfer, lle mae **nwyon**, **magma** poeth a **lludw** yn gallu dianc o **grombil** y ddaear.

Mae tua 350 miliwn o bobl y byd, neu un o bob 20, yn byw yn beryglus o agos at losgfynydd byw.

Llosgfynydd byw mwya'r byd yw Mauna Loa yn Hawaii. Mae'n 4,169 metr o uchder. Mae hyn bron bedair gwaith yn uwch na'r Wyddfa.

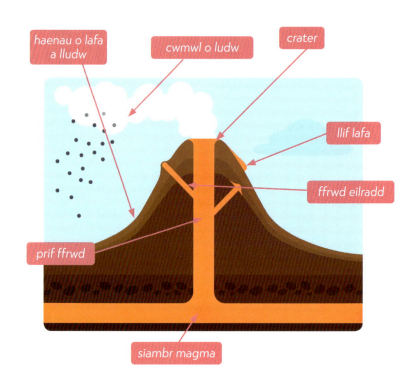

haenau o lafa a lludw

cwmwl o ludw

crater

llif lafa

ffrwd eilradd

prif ffrwd

siambr magma

Edrychwch ar leoliadau llosgfynyddoedd ar draws y byd. Maen nhw bron mewn cylch cyfan yn wynebu ei gilydd. Gelwir yr ardal hon yn 'gylch tân'.

Mae'n debyg bod tua 1,900 llosgfynydd byw ar y Ddaear a allai ffrwydro eto.

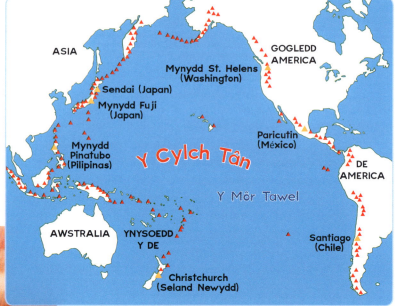

ASIA

GOGLEDD AMERICA

Mynydd St. Helens (Washington)

Sendai (Japan)

Mynydd Fuji (Japan)

Paricutin (México)

Mynydd Pinatubo (Pilipinas)

Y Cylch Tân

DE AMERICA

Y Môr Tawel

AWSTRALIA

YNYSOEDD Y DE

Santiago (Chile)

Christchurch (Seland Newydd)

Cnoi cil

Gall lafa gyrraedd tymheredd o 1,250 gradd Celsius.

O dan dy draed ac uwch dy ben

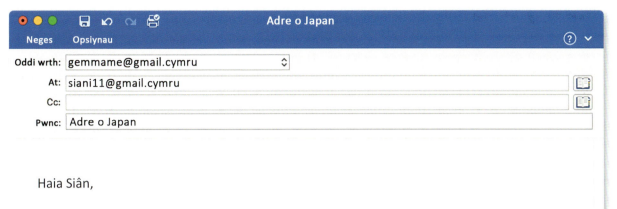

Adre o Japan

Neges   Opsiynau

Oddi wrth: gemmame@gmail.cymru

At: siani11@gmail.cymru

Cc:

Pwnc: Adre o Japan

Haia Siân,

Dwi'n ôl adre, o'r diwedd! Gobeithio dy fod ti a'r teulu yn cadw'n iawn. Dwi wedi bwrw fy mlinder ers y trip anhygoel i Japan erbyn hyn, ac mae gen i gymaint i'w ddweud wrthyt ti!

Bues i mor ffodus â chael aros gyda theulu croesawgar a charedig. Mr a Mrs Takahashi oedd eu henwau ac roedd ganddyn nhw ferch yr un oedran a fi, sef Saki. Doedd dim byd yn ormod o drafferth iddyn nhw.

Mae Japan yn wlad brydferth iawn a'i phobl yn **fonheddig** a chwrtais. Ces i fwydydd diddorol yno, gan gynnwys sushi – pysgod amrwd a reis mewn rhyw fath o **wymon** – a dyfala be'? Bwytais i'r cyfan, ac roedd e'n flasus iawn! Roedd Mam yn **gegrwth** wrth fy ngweld yn ei fwyta. Sibrydodd yn fy nghlust y byddai'n rhaid i fi fwyta popeth o hyn ymlaen heb gwyno!

Un o'r profiadau gorau ges i oedd crwydro ar fynydd Fuji. Mae'r mynydd yn 3,776 metr o uchder ac mae eira ar y copa am tua pum mis y flwyddyn. Ces i dipyn o sioc pan ddywedodd Saki mai llosgfynydd yw mynydd Fuji. Dywedodd ein bod yn ddigon diogel gan nad oedd ffrwydriad wedi bod ers 1707.

Bydd rhaid i ti ddod draw yn fuan i weld y cannoedd o luniau wnes i eu tynnu. Cysyllta pan cei di gyfle er mwyn i ni wneud trefniadau. Dwi'n edrych ymlaen at dy weld!

Hwyl am y tro,
Gemma

Chwilio a chwalu

Beth am drafod gyda ffrind i weld a ydych chi'n cytuno gyda'r atebion? Trafodwch ble'r ydych chi'n dod o hyd i'ch ateb, os yw yn y testun.

1 Pa mor uchel yw llosgfynydd byw mwya'r byd?

2 I ble'r aeth Gemma ar ei gwyliau?

3 Beth oedd enw merch Mr a Mrs Takahashi?

4 Pa ran o'r e-bost sy'n dangos bod pobl Japan yn bobl garedig?

5 Pam mae Mam wedi cael sioc wrth i Gemma fwyta sushi?

6 Pam mae'r ardal ar y map yn cael ei galw'n 'gylch tân' yn eich barn chi?

FFEITHIOL

Llosgfynyddoedd

Pompeii

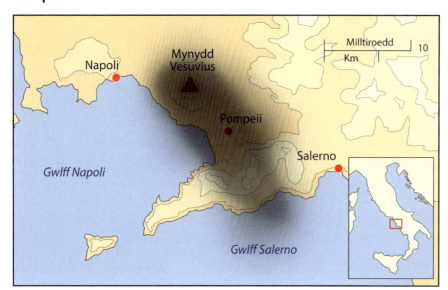

Dyma orllewin yr Eidal.

Ar 24 Awst yn y flwyddyn 79 O.C., ffrwydrodd llosgfynydd Vesuvius heb unrhyw rybudd. Dinistriwyd dinas Pompeii a chredir i tua 2,000 o bobl gael eu lladd.

Bu'n bwrw lludw du am oriau dros Pompeii nes bod y lle dan drwch o ludw. Doedd neb yn gallu gweld yn iawn oherwydd y cymylau duon ac roedd anadlu yn anodd. Llwyddodd rhai i ddianc ond bu farw'r lleill wrth anadlu nwyon **gwenwynig** neu foddi mewn lludw **chwilboeth**.

Gadawyd Pompeii fel ag yr oedd tan i Giuseppe Fiorelli ddechrau **cloddio** yn 1860. Daeth o hyd i dyllau yn y lludw lle roedd cyrff wedi pydru. **Dyfeisiodd** ffordd o ail-greu siâp y corff trwy arllwys plastr i mewn i'r tyllau. Gallodd gasglu cannoedd o ffurfiau cyrff, gan gynnwys pobl ac anifeiliaid.

Dyma gast plastr o gi. Roedd y ci wedi ei glymu wrth **dennyn** pan ffrwydrodd Vesuvius. Gallwch ei weld, ymysg nifer o bethau eraill, yn Amgueddfa Pompeii.

Pompeii o'r awyr, a Vesuvius yn y cefndir.

Cast plastr o un o'r cyrff yn Pompeii

Cloddio yn Pompeii

Villa Perffaith
Napoli
Yr Eidal

Annwyl Antonio,

Sut wyt ti ers talwm? Erbyn i ti ddarllen y llythyr hwn, byddi di wedi clywed am fy swydd newydd, mae'n siŵr. Doeddwn i ddim yn gallu coelio'r peth pan dderbyniais lythyr oddi wrth y Brenin yn gofyn i mi arwain y gwaith yn Pompeii. Roedd yn **anrhydedd** anferthol a dwi wedi dechrau cloddio ers tua mis. Mae'n waith caled a manwl. Mae gen i dîm o weithwyr sy'n gweithio'n **ddiwyd** i ddod o hyd i **weddillion** dinas a phobl Pompeii.

Hoffwn i rannu syniad gyda ti. Dwi wedi sylwi bod tyllau yn y lludw **dudew**, a dwi'n meddwl mai **amlinelliad** o gyrff ydyn nhw. Mae'r cyrff wedi pydru ar ôl yr holl amser ac wedi gadael twll yn y lludw. Wrth arllwys plastr i'r tyllau, dwi'n meddwl y bydden ni'n cael cast perffaith o siâp y cyrff. Gallen ni weld wedyn beth roedden nhw'n ei wneud ar y pryd a sut rai oedd y bobl a'r anifeiliaid oedd yn byw yno. Dwi wedi cyffroi am hyn ond hoffwn glywed dy farn am y syniad.

Cyn i mi orffen, hoffwn dy wahodd di draw i'r **gloddfa** er mwyn i ti gael bwrw golwg dros y lle. Cysyllta i ddweud pryd sy'n gyfleus.

Cofion cynnes,
Dy ffrind, Giuseppe

Chwilio a chwalu

Beth am drafod gyda ffrind i weld a ydych chi'n cytuno gyda'r atebion? Trafodwch ble'r ydych chi'n dod o hyd i'ch ateb, os yw yn y testun.

1 Pwy fu'n cloddio yn Pompeii yn 1860?

2 Pa losgfynydd oedd wedi ffrwydro?

3 Yn ôl y llythyr, ble mae Giuseppe yn byw?

4 Ydych chi'n meddwl bod gwaith Giuseppe yn bwysig? Pam?

5 Beth sy'n dangos bod Giuseppe ac Antonio yn ffrindiau da?

6 Beth yw eich barn am agor amgueddfa sy'n cofio am rywbeth mor drist?

O dan dy draed ac uwch dy ben

Y tywydd

Mae llawer o bobl yn meddwl eu bod yn gallu **darogan** y tywydd. Weithiau mae angen gallu dyfalu yn weddol gywir pa fath o dywydd fyddwn ni'n ei gael yn y dyfodol agos. Mae pobl broffesiynol yn gwneud hyn trwy ddarllen mapiau a lluniau lloeren. Mae'n swydd **dechnegol**, ond flynyddoedd yn ôl, cyn **dyfodiad** cyfrifiaduron a lloerenni, byddai pobl yn darogan y tywydd yn eu ffordd eu hunain.

Coelion y tywydd

Os yw gŵydd yn hedfan yn uchel bydd y tywydd yn braf, ond os yw'n hedfan yn isel, bydd y tywydd yn wael.

Os oes llawer o gorynnod yn **nyddu** eu gwe, bydd y tywydd yn sych iawn.

Os oes **gwlith** ar borfa'r bore, ddaw dim glaw y diwrnod hwnnw.

Os yw gwartheg yn gorwedd i lawr, bydd glaw yn dod cyn hir.

Os bydd Ionawr yn gynnes, bydd Mai yn oer.

Dyma rigwm am y tywydd:

Buwch goch gota,
Glaw neu **hindda**?
Os daw glaw, cwymp o'm llaw,
Os daw haul, hedfana.

Tywydd Cymru

Mi fydd hi'n glawio 'fory
Yng Ngwynedd ac yng Nghlwyd,
Ond i lawr yng nghanol Powys
Ben bore, haul a **gwyd**.

Daw eira mawr i Benfro
A'r tir dan garthen wen,
Ond draw yn Sir Forgannwg
Yr eirlaw ddaw o'r nen.

Yng Ngwent bydd gwyntoedd cryfion
A rhew ben bore bach,
Ac yna niwl cyn cinio –
Gall gyrru fod yn **strach**!

A dyna'r **rhagolygon**,
Cymysgedd yn wir yw,
A bellach, yma 'Nghymru
Ni wn ble hoffwn fyw!

Menna Beaufort Jones

Chwilio a chwalu

Beth am drafod gyda
ffrind i weld a ydych chi'n
cytuno gyda'r atebion?
Trafodwch ble'r ydych
chi'n dod o hyd i'ch ateb,
os yw yn y testun.

1 Yn ôl rhai, pa fath o
dywydd fyddai'n dod
os oedd gwartheg yn
gorwedd i lawr?

2 Yn ôl y gerdd, sut
dywydd oedd ym
Mhenfro?

3 Beth oedd yn arwydd
o dywydd sych iawn?

4 Wrth ddysgu'r
rhigwm am y
fuwch goch gota, beth
ddysgoch chi?

5 Pam nad yw'r bardd
yn gwybod ble hoffai
fyw?

6 Ydy'r ffordd fodern o
ddarogan y tywydd
yn effeithiol? Beth sy'n
gwneud i chi feddwl hyn?

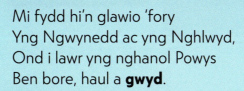

Y tywydd

Ydych chi erioed wedi meddwl sut mae pobl y tywydd yn medru **darogan** pa fath o dywydd fydd hi drannoeth ac yn y diwrnodau nesaf? Mae sawl dull ganddyn nhw o ddod o hyd i atebion.

balŵn tywydd

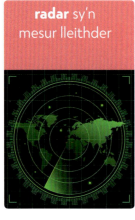
radar sy'n mesur lleithder

lloeren sy'n edrych ar batrymau'r cymylau

cyfrifiadur sy'n casglu'r holl wybodaeth ac yn darogan y tywydd

Mae angen casglu gwybodaeth am yr aer hefyd.

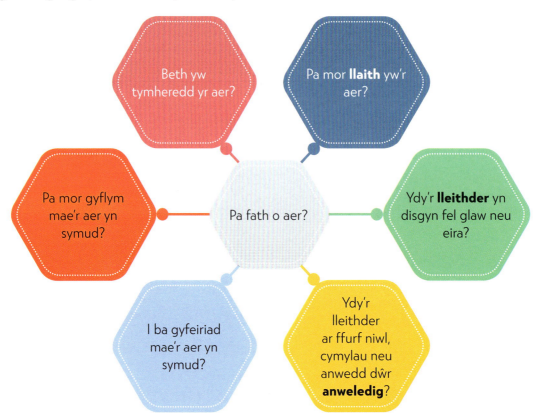

Beth yw tymheredd yr aer?

Pa mor **llaith** yw'r aer?

Pa mor gyflym mae'r aer yn symud?

Pa fath o aer?

Ydy'r **lleithder** yn disgyn fel glaw neu eira?

I ba gyfeiriad mae'r aer yn symud?

Ydy'r lleithder ar ffurf niwl, cymylau neu anwedd dŵr **anweledig**?

Cnoi cil

Y tymheredd oeraf erioed i gael ei gofnodi yn swyddogol oedd −89.2 gradd Celsius. Brrr! Cafodd ei gofnodi ar 21 Gorffennaf 1983 yn yr Antarctig.

Glaw, glaw, glaw

Syllodd Ifan allan drwy'r ffenestr yn siomedig. Gwasgodd ei drwyn yn erbyn y gwydr oer a dilynodd ddiferion y glaw i lawr y ffenestr gyda'i fys. Roedd hyd yn oed Fflwffen y gath wedi cael digon ar y tywydd diflas. Gorweddai yn bwdlyd gyda'i chefn at y glaw.

Cerddodd Dad heibio'r lolfa a gwelodd wyneb **truenus** Ifan. Ni ddywedodd ddim. Yn y gegin, eglurodd Dad wrth Mam ei fod am **bicio** allan am ychydig ac na fyddai'n hir.

Cerddodd Sioned, chwaer Ifan, heibio'r lolfa a gwelodd ei wyneb **diflas**.

"Hei, Ifan, wyt ti eisiau gwneud jig-so?" holodd yn gyfeillgar.

"Na, dim diolch, Sioned. Dwi wedi gwneud pob jig-so sydd yn y tŷ."

"Beth am chwarae cuddio? Monopoly? **Gwyddbwyll**?"

Siglodd Ifan ei ben bob tro.

Yr hyn fyddai Ifan yn hoffi ei wneud fyddai mynd allan i'r ardd i chwarae yn yr awyr iach. Yn anffodus, roedd hi'n arllwys y glaw. Byddai'n rhaid iddo fwyta'i swper a mynd i'r gwely heb fynd allan, fel neithiwr a'r noson cynt. Ni wyddai Ifan pryd fyddai'r glaw yn peidio.

Wrth i Ifan ddechrau dringo'r grisiau, ymddangosodd Dad gyda pharsel mawr o dan ei gesail a gwên lydan ar ei wefusau.

"Mae gen i anrheg i ti, Ifan," meddai yn dal i wenu fel giât.

Agorodd Ifan y parsel yn ofalus. Yn y parsel, roedd pâr o esgidiau glaw, trowsus, cot a het law. Allai Ifan ddim coelio'r peth. Rhoddodd gwtsh anferth i Dad cyn swatio yn ei wely. Edrychai ymlaen at gael gwisgo ei ddillad glaw newydd yfory. Cysgodd yn dawel.

Cododd Ifan yn gyffro i gyd fore trannoeth a gwisgo ei ddillad newydd yn syth. Rhedodd i lawr y grisiau ac i mewn i'r gegin. Chwarddodd pawb wrth ei weld.

"Peidiwch â chwerthin!" meddai Ifan yn siomedig.

Pwyntiodd Dad at y ffenestr. Trodd Ifan ei ben i'r un cyfeiriad â bys ei dad a gweld bod yr haul yn gwenu'n braf!

Chwilio a chwalu

Beth am drafod gyda ffrind i weld a ydych chi'n cytuno gyda'r atebion? Trafodwch ble'r ydych chi'n dod o hyd i'ch ateb, os yw yn y testun.

1 Beth yw'r tymheredd oeraf erioed i gael ei gofnodi'n swyddogol?

2 Sut oedd Fflwffen y gath yn dangos ei bod wedi cael digon ar y tywydd diflas?

3 Enwch ddau ddull y mae pobl y tywydd yn ei ddefnyddio i gasglu gwybodaeth.

4 Am faint mae hi wedi bod yn bwrw glaw? Defnyddiwch y testun i'ch helpu.

5 Casglwch eiriau o'r stori sy'n dangos diflastod.

6 Beth ydych chi'n meddwl fyddai ymateb Ifan ar ddiwedd y stori?

O dan dy draed ac uwch dy ben

Cysawd yr haul

Y Ddaear

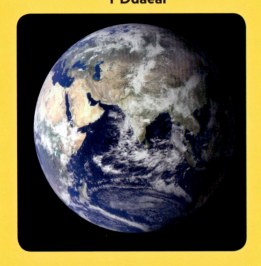

Mae'n daear ni yn grwn fel pêl. Mae'n **troelli** ar ei **hechel** unwaith mewn 24 awr. Mae hi'n troelli ar ongl. Mae'r Ddaear yn teithio o gwmpas yr haul unwaith mewn blwyddyn, felly unwaith mewn 365 diwrnod, neu 366 diwrnod pan fydd hi'n flwyddyn naid.

Yr haul

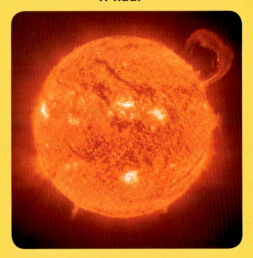

Seren anferth yw'r haul, neu belen o nwy poeth iawn. Yr haul yw'r seren agosaf at y Ddaear. Nid yw'n teithio – pan mae'r haul yn machlud neu'n codi, y Ddaear sy'n troi oddi wrthi neu tuag ati. Mae'n cymryd tua wyth munud i olau'r haul gyrraedd y Ddaear.

Y lleuad

Ar 16 Gorffennaf 1969 dechreuodd llong ofod Apollo 11 deithio i'r lleuad. ar 21 Gorffennaf 1969 glaniodd Neil Armstrong ac Edwin (Buzz) Aldrin ar y lleuad. Nhw oedd y bobl gyntaf i lanio ar y lleuad.

Y gofodwr Buzz Aldrin ar y lleuad

Does gan y lleuad ddim golau ei hun. Mae hi'n **adlewyrchu** golau'r haul.

Rydyn ni'n cael dydd a nos gan ein bod yn troelli oddi wrth yr haul ac yn ôl unwaith mewn diwrnod. Mae hyn yn rhoi dydd a nos i ni. Pan mae'n nos arnon ni mae'n ddydd mewn mannau arall o'r byd.

Daedalus ac Icarus
(Addasiad o chwedl Groegaidd)

Roedd Daedalus yn artist a **phensaer** dawnus ac un diwrnod cafodd wahoddiad gan y Brenin Minos i fynd i ynys brydferth Creta. Dymuniad y brenin oedd i Daedalus gynllunio ac adeiladu cartref i'w anifail anwes. Nid anifail anwes cyffredin mohono, ond anghenfil o beth. Minator oedd ei enw. Roedd ganddo ben tarw ar gorff dyn.

Er mwyn cadw'r Minator dan glo a'r bobl yn ddiogel, **cynlluniodd** Daedalus **ddrysfa** gymhleth. Gwyddai na fyddai unrhyw un yn gallu ei datrys.

Roedd pawb yn hapus, tan i'r brenin weld y Minator ar lawr wedi marw un diwrnod. Aeth yn gacwn wyllt a beio Daedalus. Roedd mab Daedalus gydag ef ar ynys Creta felly, fel cosb, **carcharodd** y brenin y ddau ohonyn nhw – Daedalus ac Icarus, ei fab.

Wedi wythnosau maith yn gaeth mewn tŵr, cafodd Daedalus syniad. Roedd angen adenydd arno fel yr adar y tu allan. Dechreuodd gasglu plu adar a'u gludo gyda'i gilydd gyda **chwyr** o'r gannwyll. Ymhen dim roedd ganddo ddwy set o adenydd. Gosododd adenydd ar ei fab a'i rybuddio i beidio â hedfan yn rhy agos at yr haul, neu byddai'r cwyr yn toddi. Neidiodd y ddau o'r tŵr. Gyda chymorth y gwynt, hedfanodd y ddau drwy'r awyr las a thros y môr glasach.

Hedfanodd Icarus yn uwch ac yn uwch, ac yn agosach at yr haul, wrth wneud triciau gwirion. Cyn iddo sylweddoli, roedd gwres yr haul wedi toddi'r cwyr. Syrthiodd fel carreg i'r môr a boddi.

Chwilio a chwalu

Beth am drafod gyda ffrind i weld a ydych chi'n cytuno gyda'r atebion? Trafodwch ble'r ydych chi'n dod o hyd i'ch ateb, os yw yn y testun.

1 Sawl gwaith mae'r Ddaear yn teithio o amgylch yr haul mewn blwyddyn?

2 Pa mor hir mae'n cymryd i olau'r haul gyrraedd y Ddaear?

3 Beth oedd yn gwneud y Minator yn anghyffredin?

4 Rhannwch ddwy ffaith rydych chi wedi ei dysgu am yr haul gyda ffrind.

5 Ar ba ddyddiad y glaniodd pobl ar y lleuad? Sut ydych chi'n gwybod hyn?

6 Pa neges bwysig sydd yn y stori?

O dan dy draed ac uwch dy ben

Cysawd yr haul

Y planedau

Mae sêr a phlanedau yn symud o amgylch yr haul. Rydyn ni'n galw'r rhain yn **gysawd yr haul**. Dydy'r planedau ddim yn rhoi golau i ni fel mae sêr yn ei wneud, ond maen nhw'n adlewyrchu golau o'r haul. Mae pob planed yn **cylchdroi** o amgylch yr haul ar wahanol gyflymder.

Mercher	Dyma'r blaned boethaf gan mai hi sydd agosaf at yr haul.
Gwener	Planed boeth arall. Gallech doddi plwm yma.
Y Ddaear	Hyd y gwyddon ni, dim ond ar y Ddaear mae bywyd.
Mawrth	Enw arall ar y blaned hon yw'r Blaned Goch. Mae ei phridd yn goch a'i hawyr yn binc, ac mae ganddi ddwy leuad.
Iau	Dyma'r blaned fwyaf. Mae wedi ei chreu o nwy a hylif yn bennaf.
Sadwrn	Mae Sadwrn wedi ei chreu â nwy a hylif hefyd, ond mae'r blaned hon yn arbennig gan fod cylchoedd o biliynau o greigiau bach o'i hamgylch.
Wranws	Mae cylchoedd o amgylch Wranws hefyd, ond dydyn nhw ddim mor amlwg â'r cylchoedd o amgylch y blaned Sadwrn.
Neifion	Neifion yw'r blaned bellaf oddi wrth yr haul, a'r blaned oeraf.

Cnoi cil

Cymerodd llong ofod Voyager 2 dair blynedd a hanner i deithio o Wranws i Neifion.

FFUGLEN

Y dyn bach gwyrdd

Cyrhaeddais i o estron wlad,
O blaned oddi fry,
A glanio wnes ar blaned dlos –
Y Ddaear ydoedd hi.

Ond dyma blaned od yw hon,
Pob un sydd arni'n fud,
Does neb yn siarad yr un gair
Wrth gerdded ar y stryd.

Edrychant lawr ar beiriant bach
A'u bysedd sydd yn mynd,
Mae golwg ddiflas ar bob un,
Hwn yw eu hunig ffrind.

Ac yna ar y ffordd gerllaw,
Eisteddant yn ddi-wên
Â phedair olwyn dan eu traed,
Gwell fyddai dal rhyw drên!

Fe wasgant ar fotymau crwn
Â'u sŵn **byddarol**, **croch** –
Dim ond am fod 'na liw o'u blaen
A hwnnw nawr yn goch.

Ond 'rhoswch funud, dyma wên
O'r diwedd ar y ffyrdd,
Pan welan nhw fy llun bach i,
Ie fi, y DYN BACH GWYRDD!

Menna Beaufort Jones

Chwilio a chwalu

Beth am drafod gyda ffrind i weld a ydych chi'n cytuno gyda'r atebion? Trafodwch ble'r ydych chi'n dod o hyd i'ch ateb, os yw yn y testun.

1 Beth sy'n arbennig am y blaned Mawrth?

2 Yn y gerdd, beth yw'r 'peiriant bach' ym mhennill 3 yn eich barn chi?

3 Pa blaned sydd boethaf a pham?

4 Pa blaned hoffech chi ymweld â hi? Rhowch resymau dros eich ateb.

5 Pwy sy'n siarad yn y gerdd?

6 Pwy yw'r ddau ddyn bach gwyrdd? Esboniwch eich rhesymau.

O dan dy draed ac uwch dy ben

Cyrraedd y gofod

Wrth edrych i fyny tua'r awyr ar noson glir, gallwch weld pob math o bethau rhyfeddol.

sêr

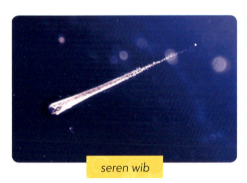

seren wib

lleuad/lloer

'y sosban' (clwstwr o sêr llachar sy'n edrych fel siâp sosban)

Cnoi cil

Cyrhaeddodd anifeiliaid y gofod cyn i bobl gyrraedd yno.

Rhai dyddiadau pwysig:

1947 — pryfed yn cael eu hanfon i'r gofod

1949 — mwnci o'r enw Albert II yn teithio tua 134 km uwchben y Ddaear

1957 — ci bach o'r enw Laika oedd yr anifail cyntaf i **gylchdroi** o amgylch y Ddaear

1961 — y person cyntaf i gylchdroi o amgylch y Ddaear oedd Yuri Gagarin

1963 — Valentina Tereshkova oedd y fenyw gyntaf i gyrraedd y gofod

1969 — Neil Armstrong ac Edwin (Buzz) Aldrin yn glanio ar y lleuad – y bobl gyntaf i lanio yno

O dan dy draed ac uwch dy ben

Paned ar blaned

[Mae gofodwr yn ymweld â phlaned yn y gofod, ac yn edrych o'i gwmpas i weld a oes unrhyw arwydd bod rhywun yn byw yno.]

Gofodwr   [yn meddwl wrth ei hun]: Does dim gobaith i neb fyw mewn lle mor ofnadwy o sych.

Estron   [yn gweld y gofodwr o'r tu ôl i graig]: O na, gofodwr arall yn ceisio dod o hyd i fywyd ar y blaned yma... Maen nhw'n greaduriaid busneslyd ofnadwy!

[Mae'r gofodwr yn crwydro ac yn gweld craig ddiddorol yr olwg. Mae'n dychryn am ei fywyd wrth i'r estron neidio o'r tu ôl iddi.]

Gofodwr: Aaaaaaa!

Estron: Paid â chael ofn! Dwi'n byw fan hyn. Croeso i'm planed i. O ble'r wyt ti'n dod?

Gofodwr: Y... y... y... y Ddaear. Alla i ddim credu hyn, a fydd neb arall yn fy nghredu i chwaith!

Estron: A hoffet ti gwpanaid o de?

Gofodwr: O, diolch yn fawr! Ga i de, os gweli di'n dda? Llaeth, ond dim siwgr!

[Mae'r ddau yn eistedd ar y graig i yfed te a sgwrsio.]

Gofodwr: Ai fi yw'r gofodwr cyntaf i ti ei gyfarfod?

Estron: Na, dwi'n gweld rhywun yma unwaith y mis, siŵr o fod.

Gofodwr: Wel, am siom! Ro'n i eisiau bod y cyntaf... [Mae'n oedi am ychydig cyn troi at yr estron.] Fyddet ti'n fodlon cael llun gyda mi?

Estron: Wrth gwrs! Wyt ti eisiau fy llofnod i hefyd?

[Mae'r ddau'n chwerthin ac yn paratoi i dynnu hunlun.]

Gofodwr: Mi fydd hwn yn llun da i'w roi ar y we — bydd pawb yn genfigennus!

Estron: Gwena 'te! Ar ôl tri... un, dau, tri. CAAAAAWS!

Chwilio a chwalu

Beth am drafod gyda ffrind i weld a ydych chi'n cytuno gyda'r atebion? Trafodwch ble'r ydych chi'n dod o hyd i'ch ateb, os yw yn y testun.

1 Beth oedd enw'r ci aeth i'r gofod?

2 Yn y sgript, pa mor aml oedd yr estron yn gweld gofodwr?

3 Sawl blwyddyn yn ôl laniodd pobl ar y lleuad am y tro cyntaf?

4 Pa ddarn sydd fwyaf doniol yn y sgript? Cofiwch roi rhesymau.

5 Sut mae beth sy'n cael ei ddweud yn wahanol i'r hyn sydd mewn cromfachau?

6 Pam mae anifeiliaid wedi mynd i'r gofod cyn pobl yn eich barn chi?

FFEITHIOI

Cyrraedd y gofod

Mae pobl wedi bod yn **chwilfrydig** am y gofod ers blynyddoedd maith. Dyma rai pobl enwog neu wyddonwyr oedd yn dangos diddordeb mawr yn y gofod:

Syr Isaac Newton

Albert Einstein

Dyddiadau i'w cofio:

1942 — roced y V2 yn cyrraedd pellter o 100 km o'r Ddaear

1947 — pryfed yn cael eu hanfon i'r gofod er mwyn gweld beth fyddai'n digwydd iddyn nhw

1949 — mwnci o'r enw Albert II yn cyrraedd pellter o 134 km **uwchlaw'r** Ddaear mewn roced

1957 — lloeren Sputnik yn cyrraedd y gofod (ystyr y gair 'Sputnik' yw 'lloeren' yn Rwsieg); yn yr un flwyddyn anfonwyd ci o'r enw Laika yn Sputnik 2 i **gylchdroi** o amgylch y Ddaear

1961 — y person cyntaf i gylchdroi o amgylch y Ddaear oedd Yuri Gagarin, mewn llong ofod o'r enw Vostok I

1963 — Valentina Tereshkova oedd y fenyw gyntaf i gyrraedd y gofod

1969 — Neil Armstong ac Edwin (Buzz) Aldrin yn glanio ar y lleuad – y bobl gyntaf i lanio yno; roedd trydydd dyn yn teithio ar yr Apollo 11 hefyd, sef Michael Collins

2001 — Dennis Tito, miliwnydd o America, yn teithio er pleser i'r gofod; talodd ugain miliwn o ddoleri am y profiad

Trip Cymraes i'r gofod

Diwrnod ola'r **hyfforddiant** wedi gorffen. Dwi wedi blino'n lân. Mae'r holl fisoedd o ymarfer yn mynd i ddwyn ffrwyth yfory. Dwi wedi cyffroi'n lân!

@sioned.thomas #gofodwraig

Dwi ddim yn gallu credu fy mod i yma! Diolch i bawb am eu cefnogaeth. Mae'r criw a finnau'n gwerthfawrogi eich negeseuon yn fawr. Dwi am fynd â'r ddraig goch gyda fi. Bydd hi'n cael ei chlymu yn ddiogel yn yr **orsaf ofod**.

@sioned.thomas #Cymraesynygofod

Wel, mae'r faner yn **cyhwfan** yn yr orsaf ofod – rydyn ni wedi cyrraedd yn saff! Roedd y sŵn yn fyddarol wrth i ni ddechrau – lwcus bod gennyn ni glustffonau mawr oedd yn gwrthsefyll y cryndod a'r sŵn.

@sioned.thomas #cartrefnewydd

Mae'r amser yn hedfan yma – mae pob diwrnod yr un peth, ond eto'i gyd, rydyn ni'n gweld **golygfeydd** newydd bob dydd. Mae bod yma yn gwneud i fi deimlo'n fach ac yn bitw, yn enwedig pan dwi'n edrych allan. Alla i ddim credu y byddwn ni'n dechrau ar ein siwrnai'n ôl cyn bo hir.

@sioned.thomas #hiraeth

Wrth gwrs – dim problem!

@sioned.thomas #gofodwraig

Iawn, Mam! 😃

@sioned.thomas

Pob lwc, Sioned. Byddwn yn edrych tua'r sêr nos yfory – cofia chwifio!

@mamgofodwraig #balch

🏴󠁧󠁢󠁷󠁬󠁳󠁿 @ysgolyparc yn cefnogi Sioned Thomas ac yn gwrando ar gân Delwyn Siôn – Dim Ond Un Seren!

Diolch am wrando, Ysgol Y Parc, a phob lwc, Sioned!

@DelwynSiôn #cânygofod

Gwych, Sioned. Pwy feddyliai y byddai ein merch ni'n cael yr **anrhydedd** o weld y Ddaear o'r gofod?

@mamgofodwraig

Allwch chi ddod i'r ysgol pan gyrhaeddwch chi'n ôl i rannu eich straeon a'ch profiadau, os gwelwch yn dda?

@ysgolyparc #cyffro

Tyrd i fy ngweld i gyntaf!

@mamgofodwraig

Chwilio a chwalu

Beth am drafod gyda ffrind i weld a ydych chi'n cytuno gyda'r atebion? Trafodwch ble'r ydych chi'n dod o hyd i'ch ateb, os yw yn y testun.

1 Beth yw enw'r ofodwraig yn y blog?

2 Sawl blwyddyn yn ôl aeth y fenyw gyntaf i'r gofod?

3 Pam mae Sioned wedi defnyddio'r hashnod #cartrefnewydd yn y blog?

4 Pam mae'r ofodwraig yn teimlo'n fach ac yn bitw wrth edrych allan o'r orsaf ofod yn eich barn chi?

5 Petaech chi'n filiwnydd, a hoffech chi fynd i'r gofod fel Dennis Tito? Rhowch resymau i gefnogi'ch atebion.

6 Pam mae angen clymu'r faner yn ddiogel yn yr orsaf ofod yn eich barn chi?

Geirfa

Cofiwch – efallai y bydd gair yn dechrau gyda llythyren neu lythrennau gwahanol yn yr eirfa os yw wedi'i dreiglo yn y testun. Cofiwch hefyd mai'r gair unigol sy'n dod gyntaf yn yr eirfa os yw'n lluosog yn y testun; mae'r gair lluosog mewn cromfachau.

Allwedd

eg   enw gwrywaidd
eb   enw benywaidd
egb   enw gwrywaidd a benywaidd
ans   ansoddair
be   berfenw
ll   lluosog
S.   Saesneg

Adar

amyneddgar *ans* â llawer o amynedd; S. *patient*

ar gyfartaledd ar y cyfan, ar ôl pwyso a mesur; S. *on average*

asgell *eb* (*ll* esgyll) adain pysgodyn; S. *fin*

bygythiad *eg* y bwriad i wneud niwed (dan fygythiad – mewn perygl o gael niwed); S. *threat*

celain *eb* corff marw; S. *corpse*

cyhydedd *eg* llinell sy'n rhannu'r glôb yn ddau hemisffer cyfartal; S. *equator*

dantaith *eg* (*ll* danteithion) bwyd blasus iawn; S. *treat, delicacy*

datgelu *be* rhyddhau gwybodaeth neu gyfrinach; S. *to reveal*

fforchog *ans* am rywbeth sydd ag un pen iddo'n rhannu'n ddau neu ragor, fel fforch; S. *forked*

gorchwyl *eg* gwaith y mae'n rhaid ei wneud, tasg anodd fel arfer; S. *task, job*

gostwng *be* disgyn, lleihau; S. *to lower, to reduce*

gwedd *eb* y ffordd mae rhywun yn edrych o ran golwg allanol; S. *appearance*

hemisffer y de hanner isaf y byd, i'r de o'r cyhydedd; S. *southern hemisphere*

islaw *arddodiad* o dan, oddi tan; S. *below, underneath*

maethlon *ans* llawn maeth a daioni; S. *nourishing*

mamolyn *eg* (*ll* mamolion) anifail sy'n cael ei fwydo ar laeth o gorff ei fam pan yn fach (gan gynnwys pobl); S. *mammal*

mantell *eb* clogyn; S. *mantle, cape*

nythu *be* gwneud neu ddefnyddio nyth; S. *to nest*

pŵl *eg* am rywbeth sydd ddim yn disgleirio; tywyll, niwlog; S. *dull*

trofannol *ans* yn perthyn i'r trofannau, lle mae'r tywydd yn boeth; S. *tropical*

ymerawdwr *eg* pennaeth sy'n rheoli neu'n teyrnasu dros ymerodraeth; S. *emperor*

ysglyfaethus *ans* yn byw ar ysglyfaeth, sef anifail neu anifeiliaid eraill, fel bwyd; S. *carnivorous, predatory*

Trychfilod

boncyff *eg* (*ll* boncyffion) bôn neu waelod coeden; S. *stump*

cyfandir *eg* un o saith rhaniad y Ddaear, sef Ewrop, Asia, Affrica, Awstralia, De America, Gogledd America, Yr Antarctig; S. *continent*

cyfarpar *eg* offer angenrheidiol i bwrpas arbennig; S. *equipment*

chwyddwydr *eg* gwydr i wneud i bethau edrych yn fwy; S. *magnifying glass*

derbyniol *ans* am rywun neu rywbeth sy'n cael ei dderbyn; S. *acceptable*

di-asgwrn-cefn *ans* am anifeiliaid heb asgwrn cefn, yn cynnwys trychfilod; S. *invertebrate, spineless*

dirgryniad *eg* (*ll* dirgryniadau) crynu cyson, ysgafn; S. *vibration*

gorchuddio *be* tynnu gorchudd dros, cuddio; S. *to cover*

gronyn *eg* (*ll* grawn) hedyn ŷd; S. *grain*

gwrachen ludw *eb* (*ll* gwrachod lludw) trychfil sy'n byw o dan goed, cerrig, ac ati; S. *woodlouse*

hamddenol *ans* am rywun neu rywbeth sydd ddim yn brysio; araf, pwyllog; S. *leisurely*

hydrefol *ans* yn perthyn i dymor yr hydref neu'n nodweddiadol o'r hydref; S. *autumnal*

protein *eg* sylwedd mewn bwydydd sy'n rhaid ei gael er mwyn i'r corff dyfu'n iach; S. *protein*

trwyadl *ans* am rywun neu rywbeth trylwyr a manwl; S. *thorough*

ymgartrefu *be* gwneud cartref, gwneud eich hun yn gartrefol; S. *to settle in*

Ehedwyr prysur

anweddu *be* troi'n anwedd neu ager, sef lleithder yn codi o hylif; S. *to evaporate*

cell *eb* un rhan o rywbeth sydd wedi'i wneud o nifer o'r rhannau, fel diliau mêl mewn cwch gwenyn; S. *cell*

crin *ans* yn gwywo, yn frau ac yn sych; S. *brittle, withered*

crychu *be* gwasgu rhywbeth ac achosi crychau; S. *to wrinkle*

cwyr *eg* y defnydd melyn mae gwenyn yn ei gynhyrchu i wneud diliau mêl; S. *wax*

chwiler *eg* gorchudd o groen caled mae lindysyn yn ei ddatblygu cyn torri allan yn bilipala; S. *chrysalis*

edau *eb* llinyn tenau o sidan neu gotwm; S. *thread*

estron *eg* am rywun neu rywbeth sy'n perthyn i wlad neu hil arall; dieithr; S. *alien, foreign*

lindysyn *eg* (*ll* lindys) creadur tebyg i fwydyn sy'n deor o wyau pilipala, gwyfyn a rhai trychfilod eraill;   S. *grub, caterpillar*

neithdar *eg* yr hylif melys sy'n cael ei gasglu o flodau gan wenyn; S. *nectar*

paru *be* gosod dau gyda'i gilydd i greu pâr; S. *to pair*

peillio *be* dod â phaill at blanhigyn a galluogi iddo gynhyrchu hadau; S. *to pollinate*

rhandir *eg* darn bach o dir mae pobl yn ei rentu i arddio; S. *allotment*

sidan *eg* edau main sy'n cael ei wau gan lindys arbennig; S. *silk*

teyrnasu *be* bod yn frenin neu'n frenhines, neu'n bennaeth; S. *to reign, to rule*

Cynefinoedd

boncyff *eg* bôn neu waelod coeden; S. *stump*

bygythiad *eg* y bwriad i wneud niwed (dan fygythiad – mewn perygl o gael niwed); S. *threat*

bywoliaeth *eb* y gwaith sy'n rhoi digon o arian i fyw i rywun; S. *livelihood*

coedlan *eb* man agored â choed o'i amgylch; S. *glade, coppice*

gweddill *eg* (*ll* gweddillion) yr hyn sy'n aros ar ôl neu dros ben; S. *remains*

llanw *be* dŵr y môr yn codi a gostwng; proses naturiol a rheolaidd; S. *tide*

mwsogl *eg* math o blanhigyn meddal sy'n tyfu'n drwchus mewn mannau llaith; S. *moss*

pydru *be* yr hyn sy'n digwydd i rywbeth ar ôl iddo farw; S. *to rot*

riff cwrel (riffiau cwrel) creigiau a chwrelau o dan foroedd trofannol y byd; S. *coral reef*

rhisgl *eg* y gorchudd garw am foncyff a changhennau coeden; S. *bark*

rhywogaeth *eb* (*ll* rhywogaethau) grŵp o blanhigion neu anifeiliaid o'r un math sy'n gallu rhyngfridio; S. *species, breed*

techneg *eb* (*ll* technegau) ffordd o wneud rhywbeth sy'n gofyn am fedr arbennig; S. *technique*

Stormydd a chorwyntoedd

arlywydd *eg* pennaeth gwlad sy'n weriniaeth; S. *president*

canmol *be* rhoi clod i rywun neu rywbeth; S. *to praise*

cefnfor *eg* (*ll* cefnforoedd) y môr mawr – Cefnfor Iwerydd, y Cefnfor Tawel, Cefnfor India, Cefnor y De, Cefnfor Arctig; S. *ocean*

corwynt *eg* (*ll* corwyntoedd) storm ddinistriol gyda gwyntoedd cryf iaw; mewn ardaloedd trofannol fel arfer; S. *hurricane*

cyhydedd *eg* llinell sy'n rhannu'r glôb yn ddau hemisffer cyfartal; S. *equator*

datod *be* dad-wneud neu ddatglymu rhywbeth; S. *to undo, to unbutton*

difa *be* dinistrio, difrodi; S. *to destroy*

dinistriol *ans* am rywbeth sy'n achosi dinistr neu niwed; S. *destructive*

echel *eb* rhoden sy'n mynd drwy ganol gwrthrych a rhywbeth yn troi arno; S. *axle*

llaith *ans* rhywbeth sydd ddim yn sych nac yn wlyb diferol, lled wlyb; S. *damp, moist*

lloches *eb* man i gysgodi a bod yn ddiogel; S. *refuge, shelter*

llywodraeth *eb* y rhai sy'n rheoli gwlad; S. *government*

hemisffer y de hanner isaf y byd, i'r de o'r cyhydedd; S. *southern hemisphere*

hemisffer y gogledd hanner uchaf y byd, i'r gogledd o'r cyhydedd; S. *northern hemisphere*

meteorolegydd *eg* (*ll* meteorolegwyr) un sy'n astudio ac yn arbenigo yn y tywydd; S. *meteorologist*

morglawdd *eg* (*ll* morgloddiau) clawdd o gerrig neu bridd i atal afon neu fôr rhag gorlifo; S. *breakwater, dyke*

trychineb *egb* (*ll* trychinebau) anffawd mawr a dirybudd sy'n achosi dioddefaint; S. *disaster, catastrophe*

ymestyn *be* estyn rhannau'r corff mor bell â phosibl; S. *to stretch*

Llosgfynyddoedd

amlinelliad *eg* llinell sy'n dangos ffurf; S. *outline*

anrhydedd *eg* teimlad o hapusrwydd o dderbyn parch a bri gan rywun; S. *honour*

bonheddig *ans* dangos parch; hawddgar;
S. *courteous*

cegrwth *ans* â cheg agored; wedi cael syndod;
S. *flabbergasted, gobsmacked*

cloddfa *eb* safle lle mae archaeolegwyr yn archwilio a
phalu; S. *dig*

cloddio *be* palu neu dwrio am olion hanesyddol;
S. *to dig, to excavate*

crombil *egb* perfedd neu ganol; S. *centre*

chwilboeth *ans* poeth iawn; yn rhy boeth i'w
gyffwrdd; S. *red-hot*

diwyd *ans* am rywun sy'n gweithio'n galed ac yn dal
ati; S. *diligent*

dudew *ans* am rywbeth du a thrwchus; S. *jet-black*

dyfeisio *be* creu rhywbeth o'r newydd; S. *to invent*

gweddill *eg* (*ll* gweddillion) yr hyn sy'n aros ar ôl neu
dros ben; S. *remains*

gwenwynig *ans* peryglus oherwydd bod gwenwyn
ynddo; S. *poisonous*

gwymon *eg* planhigyn sy'n tyfu yn y môr; S. *seaweed*

lludw *eg* y llwch sydd ar ôl wedi i rywbeth losgi;
S. *ash*

magma *eg* craig wedi toddi o dan y Ddaear sy'n
ffrwydro mewn llosgfynydd; S. *magma*

nwy *eg* (*ll* nwyon) sylwedd sydd ddim yn hylif nac yn
solet, fel aer; S. *gas*

tennyn *eg* darn o gortyn neu raff i glymu anifail wrth
bostyn; S. *leash, tether*

Y tywydd

anweledig *ans* ddim yn gallu ei weld; S. *invisible*

coel *eb* (*ll* coelion) cred gan lawer o bobl bod
rhywbeth yn wir; S. *belief, superstition*

cwyd *be* ffurf ar y ferf 'codi'; S. *it rises*

darogan *be* rhag-ddweud neu ragfynegi beth sydd i
ddod; S. *to predict, to foretell*

dyfodiad *eg* rhywun neu rywbeth wedi dod;
S. *arrival, coming*

gwlith *eg* y lleithder ar laswellt neu gerrig yn y bore
weithiau; S. *dew*

gwyddbwyll *eb* gêm fwrdd i ddau chwaraewr;
S. *chess*

hindda *eb* tywydd teg, braf; S. *fair weather*

llaith *ans* rhywbeth sydd ddim yn sych nac yn wlyb
diferol, lled wlyb; S. *damp, moist*

lleithder *eg* tamprwydd, gwlybaniaeth; S. *dampness,
moisture*

lloeren *eb* dyfais sy'n mynd i'r gofod a chasglu
gwybodaeth am rywbeth, e.e. y tywydd;
S. *satellite*

nyddu *be* gwneud gwe o edafedd; S. *to spin*

picio *be* mynd neu ddod yn gyflym; S. *to pop*

radar *eg* offer sy'n anfon signalau radio i ddarganfod
safle gwrthrych arbennig; S. *radar*

rhagolwg *eg* (*ll* rhagolygon) golwg ar y dyfodol,
neu beth sy'n debygol o ddigwydd; S. *outlook,
forecast*

strach *eb* mewn helynt neu helbul; S. *fix*

technegol *ans* yn gofyn am wybodaeth a chrefft
arbenigol; S. *technical*

truenus *ans* rhywun mewn cyflwr diflas; S. *piteous*

Cysawd yr haul

adlewyrchu *be* taflu goleuni yn ôl; S. *to reflect*

byddarol *ans* sŵn uchel iawn sy'n boddi pob sŵn
arall; S. *deafening*

carcharu *be* cadw rhywun neu rywbeth yn gaeth
mewn cell; S. *to imprison*

croch *ans* am floedd neu sŵn uchel a chyffrous;
S. *raucous*

cwyr *eg* y defnydd y mae cannwyll yn cael ei gwneud
ohono; S. *wax*

cylchdroi *be* troi, symud mewn cylch; S. *to revolve*

cynllunio *be* darparu cynllun; S. *to design*

cysawd yr haul y sêr a phlanedau sy'n troi o gwmpas
yr haul; S. *solar system*

drysfa *eb* patrwm cymhleth o lwybrau, a'r canol yn
anodd dod o hyd iddo; S. *maze*

echel *eb* rhoden sy'n mynd drwy ganol gwrthrych a
rhywbeth yn troi arno; S. *axle*

pensaer *eg* rhywun sy'n cynllunio a dylunio
adeiladau; S. *architect*

troelli *be* symud mewn cylch; S. *to spin*

Cyrraedd y gofod

anrhydedd *egb* teimlad o hapusrwydd o dderbyn
parch a bri gan rywun; S. *honour*

cylchdroi *be* troi, symud mewn cylch; S. *to revolve*

cyhwfan *be* chwifio, hedfan; S. *to fly*

chwilfrydig *ans* dangos llawer o chwilfrydedd; eisiau
gwybod mwy; S. *curious*

golygfa *eb* (golygfeydd) yr hyn sydd i'w weld, o
leoedd neu bethau; S. *view*

gorsaf ofod cartref gofodwyr yn y gofod ar gyfer
gwaith gwyddonol; S. *space station*

hyfforddiant *eg* y broses o gael eich dysgu sut i
wneud rhywbeth arbennig; S. *training*

uwchlaw *arddodiad* uwchben, yn uwch na; S. *above*